W0051452

Ob knusprig gebraten, goldgelb gebacken oder kross frittiert: Die Kartoffel ist ein Tausendsassa in der Küche. Die „tolle Knolle" ist nicht nur sehr gehaltvoll – sie hat auch einen wunderbar aromatischen Eigengeschmack. Schon „ohne alles" ist die Kartoffel eine Delikatesse. Außerdem bietet sie eine enorme Vielfalt an Zubereitungsarten: als Hauptkomponente für schmackhafte Gerichte aus Ofen, Pfanne und aus dem Topf wie auch als Basis für die pikantesten Salate. Zu Fisch und Fleisch ist sie ein variantenreicher Begleiter, und auch bei vielen vegetarischen Gerichten ist sie mit von der Partie. Kurz: Die Kartoffel ist – auch aus der internationalen Küche – nicht wegzudenken.

Vorwort

Kartoffelgerichte haben Tradition. Schon bei meiner Mutter, Großmutter und Urgroßmutter hat es Kartoffeln gegeben, in vielen Variationen: Kartoffelbrei, Bratkartoffeln mit Zwiebeln und Speck, eine nahrhafte Kartoffelsuppe oder der klassische Kartoffelsalat mit Würstchen standen auf dem Speiseplan. Und geschmeckt hat es immer wunderbar. In diesem Buch finden Sie neben „Klassikern" auch nicht so geläufige Rezepte wie z. B. den „Baskischen Kartoffel-Fisch-Eintopf". Alles, was Sie für die Zubereitung von Gratins, Aufläufen, Suppen, Salaten & Co. brauchen, ist eine Bratpfanne, einen Kochtopf und einen Backofen.

Viel Freude wünsche ich Ihnen mit den „Leckeren Kartoffelgerichten" und natürlich ein gutes Gelingen!

Janny Hebel

Bratkartoffeln mit Zuckerschoten & Paprika   S. 20

Mediterrane Kartoffelstäbchen S. 48

LECKERE
Kartoffel-Rezepte

Wissenswertes aus der Kartoffelküche 4

Suppen

Großmutters Kartoffel-suppe 10

Kalte Kartoffel-Birnen-Suppe 12

Kartoffelcremesuppe mit Pfifferlingen 14

Kartoffelsuppe „Nordische Art" 16

Vorspeisen, Salate & Beilagen

Bratkartoffeln mit Zuckerschoten & Paprika 20

Kartoffel-Apfel-Salat 22

Kartoffelbaumkuchen 24

Kartoffel-Birnen-Gratin 26

Kartoffelbrot 28

Kartoffelchips aus dem Ofen 30

Kartoffelcrêpes 32

Kartoffel-Käse-Gratin 34

Kartoffelkroketten 36

Kartoffel-Nuss-Plätzchen 38

Kartoffelsalat mit Räucherlachs 40

Kartoffelsalat mit Remouladensauce 42

Kartoffel-Sellerie-Schnee 44

Lauwarmer Kartoffelsalat mit Löwenzahn 46

Mediterrane Kartoffelstäbchen 48

Pommes dauphines 50

Pommes duchesse (Herzoginkartoffeln) 52

Pommes macaire (Macairekartoffeln) 54

Schwäbischer Kartoffelsalat 56

Hauptgerichte

Baskischer Kartoffel-Fisch-Eintopf 60

Geröstete Rosmarinkartoffeln mit Zitronenhuhn 62

Hachis Parmentier 64

Kabeljaufilet mit Kartoffelhaube an Rahmchampignonsauce 66

Kartoffel-Bataten-Eintopf 68

Kartoffelgratin mit Kassler 70

Kartoffel-Lamm-Eintopf 72

Kartoffelpastete mit Speck 74

Kartoffelpuffer mit Apfelmus 76

Kartoffelrösti mit Lachsburger & Wasabi-Dip 78

Kartoffel-Spinat-Auflauf 80

Kartoffel-Wirsing-Bratlinge mit pochiertem Ei 82

Rindercurry mit Erdäpfeln 86

Röstipfanne mit Schinken & Käse 88

DIE KARTOFFEL:

Die Kartoffeln gehören zu den wichtigsten Grundnahrungsmitteln. Sie enthalten **Kohlehydrate**, die den Körper mit Energie versorgen. Das in der Kartoffel ebenfalls enthaltene **Eiweiß** ist biologisch hochwertig und wird vom menschlichen Körper besonders gut verwertet. **Fett** hat sie dagegen wenig, die „tolle Knolle". Die Kartoffel allein ist kein Dickmacher, im Gegenteil: Sie ist kalorienarm. Ein Grund mehr, dass man sie nicht nur wegen ihres aromatischen Eigengeschmacks mit gutem Gewissen auf den Speiseplan setzen und mit Appetit verzehren kann. Werden Kartoffeln z. B. zu Bratkartoffeln oder Pommes frites „veredelt", schmecken sie noch mal so köstlich, enthalten aber aufgrund des Fettes, in dem sie gebraten oder frittiert werden, einiges mehr an Kalorien.

Ballaststoffe, Mineralien und Vitamine hat die Kartoffel ebenfalls zu bieten – und das nicht zu knapp. Zu den Mineralien gehört das **Kalium**, das den Körper entwässert und für einen ausgeglichenen Säure-Basen-Haushalt im Körper sorgt. Dazu kommen die Mineralien und Spurenelemente **Calcium, Magnesium und Eisen**. Die Vitamine der Kartoffel befinden sich direkt unter der Schale. **Vitamin C** ist besonders viel enthalten. Je länger Sie die Kartoffeln lagern, desto mehr baut es sich jedoch ab. Wenn Sie

...N GESUNDES GRUNDNAHRUNGSMITTEL

junge Kartoffeln mit Schale verzehren, gönnen Sie Ihrem Körper also einen echten Vitamin-C-Schub. Daneben hat die Kartoffel auch die **Vitamine B1, B2** und **B6** zu bieten.

KARTOFFELN RICHTIG BEHANDELN

Sie können von dem reichen Nährstoffgehalt der Kartoffeln nur profitieren, wenn Sie sie sachgemäß behandeln. Sie sollten nur ungewaschene Kartoffeln einkellern. Bereiten Sie in der Küche nur unversehrte Kartoffeln zu: das heißt, sie sollten nicht keimen und auch keine grünen Stellen aufweisen.

Wenn Sie Kartoffeln schälen, benutzen Sie möglichst einen Sparschäler, da, wie Sie jetzt wissen, die meisten Mineralien und Vitamine direkt unter der Schale stecken. Waschen Sie Kartoffeln ab, tun Sie das gründlich. Lassen Sie sie dabei aber nicht zu lange im Wasser liegen. Auch dabei verlieren sie nämlich an Nährstoffen. Haben Sie Kartoffeln gekocht, gießen Sie sie am besten direkt ab. Denn wenn Sie sie zu lange im Kochwasser belassen, bleiben sie zwar schön heiß, verlieren aber an Nährstoffen. Zu guter Letzt: Kartoffeln nie roh verzehren. Sie enthalten giftige Proteine.

Welche Kartoffeln für welches Kartoffelgericht?

Speisekartoffeln werden nach ihren Kocheigenschaften unterschieden.
Festkochende Kartoffeln: Sie haben einen geringen Stärkegehalt und behalten beim Kochen, Braten und Backen ihre Form. Festkochende Kartoffelsorten sind daher für Salz-, Pell- und Bratkartoffeln, Kartoffelsalate wie auch für Gratins und Aufläufe besonders gut geeignet. **Bekannte Sorten:** Cilena, Linda, Nicola, Selma oder Princess.

Vorwiegend festkochende Kartoffeln: Unter dieser Bezeichnung werden Kartoffelsorten von feinkörniger und mäßig feuchter Konsistenz gehandelt. Sie neigen beim Kochen dazu aufzuspringen. Sie eignen sich gut für Aufläufe, Gratins, Suppen, Rösti und Pommes frites.
Bekannte Sorten: Bamberger Hörnchen, Christa, Daniella, Donella, Marabel, Quarta, Secura, Solara.

Mehligkochende Kartoffeln: Die Konsistenz dieser Kartoffelsorten ist grobkörnig und trocken (enthalten viel Stärke) und platzen beim Kochen oft auf. Sie sind besonders geeignet als Beilage für Fleischgerichte mit Sauce (diese nehmen sie besonders gut auf), für Kartoffelpürees in allen Variationen, Eintöpfe, Kroketten und Klöße.
Bekannte Sorten: Adretta, Aula, Bintje, Blauer Schwede, Likaria.

Noch ein Wort zur *Farbe* der handelsüblichen Kartoffeln. Es gibt Kartoffeln mit gelber, roter und blauer Schale. Ist ihre Schale grün, nehmen Sie vom Verzehr bitte Abstand. Diese Kartoffeln sind keinesfalls genießbar: In ihnen ist das giftige Solanin angereichert.

Kleiner Exkurs: die Süßkartoffel (Batate, siehe Rezept, Seite 69). Süßkartoffeln/ Bataten sind im engsten Sinne keine Kartoffeln, sie werden in der Küche aber ähnlich verarbeitet. Ihr Fruchtfleisch ist je nach Sorte weißlich oder gelblich bis rotviolett. Es enthält viel Stärke und Zucker. Dadurch erhalten Süßkartoffeln ihren typischen süßen Geschmack. In der Zubereitung sind Süßkartoffeln ähnlich vielseitig wie die heimischen Knollen: Man kann sie kochen, backen, überbacken, frittieren oder braten. Auch kann man sie – im Gegensatz zu „echten" Kartoffeln – roh verzehren.

WELCHES FETT IST WANN DAS RICHTIGE?

Gut gelungene Bratkartoffeln sind ein kulinarischer Hochgenuss. Dass sie gelingen, hängt neben der Wahl des richtigen „Kochgeschirrs" ganz besonders von der Wahl des richtigen Fettes ab, in dem sie „gebrutzelt" werden. Wann greifen Sie zum Öl, wann bevorzugen Sie Schmalz, und wann sind Sie mit Butter auf dem richtigen Weg? Hier die wichtigsten, in der Küche verwendeten Bratfette und ihre Eigenschaften auf einen Blick:

Butterschmalz: Liefert einen ausgeprägten Buttergeschmack, ist hoch erhitzbar, hat einen hohen Rauchpunkt, spritzt nicht. Ist zum Backen, Braten und Frittieren gut geeignet.

Schweineschmalz: Ist hoch erhitzbar, hat einen hohen Rauchpunkt, einen typischen Eigengeschmack. Ist für Kurzgebratenes und zum Frittieren gut geeignet.

Pflanzenfette: Spritzen nicht, sind hoch erhitzbar, geschmacksneutral und lange haltbar. Sie sind zum Backen und Braten gut geeignet.

Kaltgepresste Pflanzenöle: Haben einen eigenen Geschmack und Geruch, sind nicht hoch erhitzbar. Sie sind zum Braten und für die kalte Küche geeignet.

Raffinierte Pflanzenöle: Sind geschmacksneutral, mittelhoch erhitzbar

(bis ca. 200°). Sie sind zum Braten und Frittieren geeignet.

Erdnussöl: Starker Eigengeschmack, zum Braten und Frittieren geeignet.

Distelöl und Leinöl: Sie sind nur in der kalten Küche zu verwenden.

Butter: Hoch erhitzbar. Zum Backen und Braten geeignet. Allerdings ist bei der Butter darauf zu achten, dass sie schwarz werden und selbst verbrennen kann. Dann ist sie nicht mehr genießbar.

Kleiner Grundkurs I:
SO GELINGEN POMMES FRITES

Zur Zubereitung von Pommes frites schälen Sie große Kartoffeln, schneiden sie längs in Stäbchen von knapp 1 cm Breite und einer Länge von 4–10 cm. Dann werden sie auf einer saugfähigen Unterlage leicht getrocknet und anschließend in heißem Pflanzenöl zweimal frittiert. Beim ersten Frittieren wählen Sie eine Temperatur von ca. 140–160°, bis die Pommes frites blassgelb sind. Dann lassen Sie sie erst abkühlen, bevor Sie den zweiten Arbeitsgang in Angriff nehmen. Dann frittieren Sie die Pommes frites bei ca. 175°, bis sie eine goldbraune Farbe angenommen haben. Wenn Sie das Frittieren lieber in einem Schritt erledigen wollen, werden die „Fritten"

außen zu dunkel und innen nicht gar. Geben Sie zu viele Kartoffelstäbchen gleichzeitig ins Fett, kühlt dieses stark ab. Die Folge: Die Pommes frites saugen zu viel Fett auf, da sich nicht sofort eine vorm Fett schützende Kruste bildet. Daher die Faustregel: 100 g „Fritten" auf 1–1,5 Liter Öl.

Kleiner Grundkurs II:
SO GELINGEN BRATKARTOFFELN

Aus rohen Kartoffeln: Die geschälten Kartoffeln in ca. 5 mm feine Scheiben schneiden und kurz mit Wasser abspülen. Danach gut trocken tupfen. So verhindern Sie, dass die Kartoffelscheiben beim Braten zusammenkleben. Sehr knusprig werden sie, wenn sie vor dem Braten in Mehl gewendet werden. Dabei einen Pfannenwender einsetzen. Etwas Butterschmalz in der Pfanne erhitzen und die Kartoffeln darin bei mittlerer Hitze ca. 20 Minuten braten. Nicht zu oft wenden, denn dann werden sie nicht knusprig.

Aus halb gekochten Kartoffeln: Geschälte Kartoffeln würfeln und ca. 5 Minuten in Salzwasser kochen, abgießen und abkühlen lassen. Dann in Mehl wenden und in reichlich Öl und Butter knusprig braten. Wichtig: Das Öl muss richtig heiß sein, bevor Sie die Kartoffeln in die Pfanne geben.

Suppen

Großmutters Kartoffelsuppe

ZUTATEN *(für 4 Personen)*
350 g Kartoffeln (mehligkochend)
3 EL Butter
400 ml Wasser
2 Zweige Majoran
2 Zwiebeln
Salz, Pfeffer

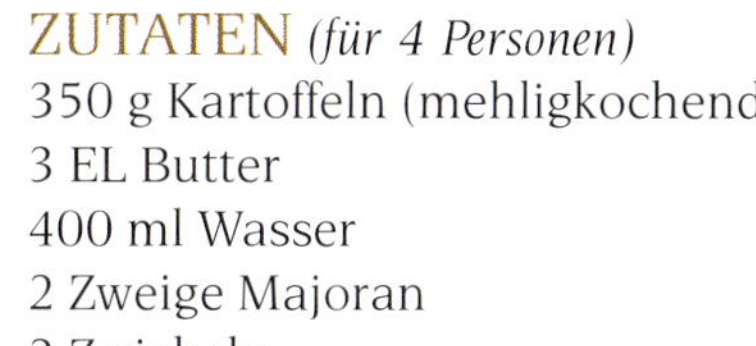

Großmutters Kartoffelsuppe

ZUBEREITUNG

KARTOFFELN schälen, waschen und würfeln.
1 EL Butter in einem Topf schmelzen und die
Kartoffeln darin dünsten, dabei leicht salzen.
Das Wasser zugießen, aufkochen lassen und bei
mittlerer Hitze bei geschlossenem Deckel ca.
20 Minuten garen.

DIE ZWIEBELN abziehen, würfeln und in einer Pfanne in der restlichen Butter kross schmoren. Die
Majoranblätter abzupfen und klein hacken.

DIE SUPPE pürieren und mit Salz und Pfeffer
abschmecken. Dann den gehackten Majoran und
die Zwiebelwürfel unterrühren. Servier-Variante:
Die Suppe auf Tellern anrichten und mit Zwiebeln
und Majoran garnieren.

TIPP: *Wer es im Geschmack gern kräftiger mag,
nimmt statt Wasser Gemüsefond. Statt Majoran
schmeckt diese Kartoffelsuppe auch mit Oregano
sehr gut.*

ZUTATEN *(für 4 Personen)*
150 g Kartoffeln
250 g Lauch
2 Birnen
750 ml Gemüsebrühe
Olivenöl
1 Döschen Safran
2 EL Schnittlauchröllchen
Salz, Pfeffer

Kalte Kartoffel-Birnen-Suppe

ZUBEREITUNG

LAUCH waschen und in feine Streifen schneiden.
Kartoffeln schälen, waschen und würfeln. Birnen
schälen, entkernen und würfeln.

ÖL in einem Topf erhitzen. Lauch und Kartoffeln
unter ständigem Rühren 5 Minuten darin garen.
Birnenwürfel, Safran und Brühe dazugeben.
Die Suppe zum Kochen bringen, dann die Hitze
reduzieren und 15 Minuten bei geschlossenem
Deckel köcheln lassen. Anschließend pürieren
und mit Salz und Pfeffer abschmecken.

DIE SUPPE abkühlen lassen, in Suppentellern
anrichten und mit Schnittlauch garnieren.

TIPP: *Die Kartoffel-Birnen-Suppe schmeckt
natürlich auch warm wunderbar.*

Kalte Kartoffel-Birnen-Suppe

Kartoffelcremesuppe

MIT PFIFFERLINGEN

ZUTATEN *(für 4 Personen)*
1 kg Kartoffeln (mehligkochend)
2 mittelgroße Zwiebeln
3–4 Stiele frischer Thymian (oder 1 TL getrockneter Thymian)
2 EL Butter / Margarine
3–4 TL gekörnte Gemüsebrühe
250 g frische Pfifferlinge (aus dem Glas: 314 ml)
50–75 g geräucherter durchwachsener Speck
150 g Crème fraîche
Salz, Pfeffer

Kartoffelcremesuppe

MIT PFIFFERLINGEN

ZUBEREITUNG

KARTOFFELN schälen, waschen und in Stücke schneiden. Zwiebeln abziehen und fein würfeln. Thymian waschen und abzupfen (bis auf einen kleinen Rest für die Dekoration).

BUTTER bzw. Margarine in einem Topf erhitzen. Die Hälfte der Zwiebelwürfel darin andünsten. Kartoffeln und Thymian kurz mitdünsten. Ca. 1 l Wasser angießen, die Brühe einrühren und aufkochen. Zugedeckt etwa 20 Minuten köcheln lassen.

PFIFFERLINGE putzen, evtl. waschen. Den Speck klein würfeln und in einer Pfanne scharf anbraten. Die restlichen Zwiebelwürfel zugeben und glasig dünsten. Die Pfifferlinge mitbraten, dabei ständig wenden. Mit Salz und Pfeffer (nach Belieben) würzen.

DIE KARTOFFELN in der Brühe pürieren. Zwei Drittel der Crème fraîche unterrühren. Die Suppe mit Salz und Pfeffer abschmecken. Mit einem Klecks restlicher Crème fraîche garnieren. Die Speckpfifferlinge und den restlichen Thymian darüber streuen.

ZUTATEN *(für 6 Personen)*

1 kg Suppenfleisch vom Rind	Salz
1 Bund Suppengrün	400 g Kartoffeln (vorwiegend
2 Lorbeerblätter	festkochend)
1 EL Pfefferkörner	150 g Möhren
2 Gewürznelken	1 EL Butter
1 Zwiebel	150 g Champignons
Schale von 1 unbeh. Zitrone	1 Bund glatte Petersilie

Kartoffelsuppe „Nordische Art"

ZUBEREITUNG

SUPPENGRÜN putzen und grob zerkleinern. Zusammen mit dem Suppenfleisch, Pfefferkörnern, Gewürznelken, der Zwiebel und Zitronenschale in
1 ½ l leicht gesalzenem Wasser langsam zum Kochen bringen. Etwa 2
Stunden bei schwacher Hitze und ohne Deckel kochen lassen.

KARTOFFELN und Möhren schälen, in dünne Scheiben schneiden. Champignons putzen und ebenfalls in Scheiben schneiden.

SUPPENFLEISCH aus der Brühe nehmen. Die Brühe durch ein Sieb gießen
und evtl. auf 1 Liter auffüllen. Kartoffeln und Möhren in der Brühe 15
Minuten köcheln lassen.

CHAMPIGNONS in Butter kräftig braten und kurz vor Ende der Garzeit der
Kartoffeln mit zur Brühe geben. Petersilie waschen, trocken tupfen, fein
hacken. Die Suppe auf Tellern anrichten und mit Petersilie bestreuen.

TIPP: *Das Fleisch lässt sich sehr gut zu Fleischsalat weiterverarbeiten.*

Kartoffelsuppe „Nordische Art"

Vorspeisen

Salate & Beilagen

Bratkartoffeln

MIT ZUCKERSCHOTEN & PAPRIKA

ZUTATEN *(für 4 Personen)*
600 g große Kartoffeln (festkochend)
3 Schalotten, 60 g durchwachsener Speck
1 rote Paprikaschote, 100 g Zuckerschoten
1 Bund Radieschen, ½ Bund glatte Petersilie
30 g Butterschmalz, 50 g Butter, Salz, Pfeffer

Bratkartoffeln

MIT ZUCKERSCHOTEN & PAPRIKA

ZUBEREITUNG

KARTOFFELN mit einer Bürste unter kaltem Wasser gründlich säubern und in einem Topf mit reichlich Wasser zum Kochen bringen. Bei geschlossenem Deckel 20 Minuten weich kochen. Dann gut auskühlen lassen, pellen und in Scheiben schneiden.

SCHALOTTEN abziehen und fein würfeln. Speck in feine Würfel schneiden. Paprikaschote halbieren, entkernen, waschen und würfeln. Zuckerschoten waschen, putzen und schräg in Stücke schneiden. Radieschen putzen, waschen und in Scheiben schneiden. Petersilienblätter von den Stielen zupfen, waschen, trocken tupfen und fein hacken.

BUTTERSCHMALZ in einer beschichteten Pfanne erhitzen und die Kartoffelscheiben goldbraun anbraten. Speckwürfel zugeben und unter regelmäßigem Schwenken der Pfanne anbräunen. Zwiebelwürfel hinzufügen und anschwitzen. Restliches Gemüse zufügen und 2 Minuten braten.

MIT SALZ UND PFEFFER würzen, die Butter zugeben und die Kartoffeln glasieren. Abschließend die gehackte Petersilie unterrühren.

(für 4 Personen)

1 kg kleine Frühkartoffeln	FÜR DAS DRESSING:
(festkochend)	150 ml Apfelsaft
1 Salatgurke	½ TL Zucker
50 g Walnüsse	3 EL milder Essig
1 Bund glatte Petersilie	2 TL Senf
1 säuerlicher Apfel	3 EL Walnuss- oder Olivenöl
	Salz, Pfeffer

Kartoffel-Apfel-Salat

ZUBEREITUNG

KARTOFFELN gründlich abspülen und mit Schale 18–20 Minuten bissfest kochen. Abgießen, kurz ausdampfen und ganz abkühlen lassen. Die Kartoffeln halbieren oder dritteln.

GURKE abspülen, trocken tupfen, grob schälen, der Länge nach halbieren und mit einem Teelöffel entkernen. Das Gurkenfruchtfleisch in ½ dicke Scheiben schneiden und salzen. Die Walnüsse grob hacken. Petersilie abspülen, trocken schütteln und die Blätter fein hacken. Den Apfel abwaschen, vierteln, das Kerngehäuse entfernen und das Fruchtfleisch in kleine Stifte schneiden.

FÜR DAS DRESSING Apfelsaft, Zucker, Essig, Senf, Salz und Pfeffer verrühren. Das Öl in einem feinen Strahl dazugießen und mit einer Gabel unterschlagen. Mit Salz und Pfeffer abschmecken.

KARTOFFELN, Gurkenscheiben und Apfelstifte mit dem Dressing mischen und mindestens 30 Minuten ziehen lassen. Anschließend noch einmal kräftig abschmecken. Petersilie und Walnüsse erst kurz vor dem Servieren unterheben.

Kartoffel-Apfel-Salat

Kartoffelbaumkuchen

ZUTATEN *(für 4 Personen)*
350 g Kartoffeln (mehligkochend)
40 g Mehl
60 g Speisestärke
4 Eier
75 g weiche Butter
75 g Crème fraîche
1 Döschen Safran (gemahlen)
¼ TL Muskatnuss (gerieben)
Salz, Pfeffer
Butter für die Form

Kartoffelbaumkuchen

ZUBEREITUNG

KARTOFFELN schälen, waschen und in Salzwasser ca. 20 Minuten garen. Abgießen und durch eine Kartoffelpresse drücken. Mehl und Stärke darüber sieben, die Eier trennen. Butter mit Eigelb schaumig rühren, dann die Kartoffeln und Crème fraîche unter die Butter-Eigelb-Masse rühren.

EIWEISS mit einer Prise Salz steif schlagen und nach und nach vorsichtig unter die Kartoffelmasse ziehen. Mit Salz, Pfeffer, Safran und Muskatnuss würzen.

EINE KASTENFORM mit Butter einfetten. Für die erste Schicht den Kartoffelteig 1 cm dick in die Kastenform streichen und unter dem vorgeheizten Backofengrill bei 240° ca. 2–5 Minuten überbacken (Gas: Stufe 6, Umluft 220°). Den restlichen Teig nach und nach in weiteren Schichten aufstreichen und ebenso überbacken.

DEN KARTOFFELBAUMKUCHEN aus der Form lösen und in Scheiben schneiden.

ZUTATEN *(für 4 Personen)*
750 g Kartoffeln
350 g Birnen
200 ml Milch
150 g Roquefort-Käse
2 Eigelb
1 TL Speisestärke
geriebene Muskatnuss
Salz, Pfeffer
Fett für die Form

Kartoffel-Birnen-Gratin

ZUBEREITUNG

KARTOFFELN SCHÄLEN, waschen und in dünne
Scheiben schneiden. Birnen waschen, vierteln und
die Kerngehäuse entfernen. Die Birnenviertel in
Spalten schneiden. Kartoffeln und Birnen fächerförmig in eine gefettete Gratinform schichten.

DEN ROQUEFORT würfeln. Milch, zwei Drittel
vom Roquefort, Eigelb und Speisestärke mit dem
Schneebesen des Handrührgerätes verrühren.
Mit Salz, Pfeffer und Muskat würzen und über die
Kartoffeln / Birnen gießen. Mit dem restlichen
Roquefort bestreuen. Im vorgeheizten Backofen
(E-Herd: 200° (Ober-/Unterhitze), Gas: Stufe 3)
ca. 45 Minuten überbacken.

Kartoffel-Birnen-Gratin

Kartoffelbrot

ZUTATEN *(für 4 Personen)*
500 g Kartoffeln (mehligkochend)
1 Päckchen Trockenhefe
1 TL Zucker
500 g Mehl
3 EL Buchweizenmehl
1 TL Salz
2 Eier
250 ml Milch

Kartoffelbrot

ZUBEREITUNG

KARTOFFELN schälen, waschen und in reichlich Salzwasser gar kochen. Abgießen und noch heiß durch die Kartoffelpresse drücken. Vor der Weiterverarbeitung auskühlen lassen.

HEFE UND ZUCKER mit etwas Milch anrühren und gehen lassen. Aus Kartoffeln, Mehl, Buchweizenmehl, Salz, Eiern, der restlichen Milch sowie der Hefe einen glatten Teig kneten. Diesen ca. 45 Minuten zugedeckt gehen lassen, bis er in etwa das doppelte Volumen angenommen hat. Den Teig anschließend in eine gefettete Kastenform geben. Im vorgeheizten Backofen bei 200° Ober- und Unterhitze ca. 45 Minuten backen. Auf einem Kuchengitter abkühlen lassen.

TIPP: *Dazu schmecken pikante Dips wunderbar. Auch ein grüner oder gemischter Salat ist eine perfekte Ergänzung für einen leichten Snack bei warmen Sommertemperaturen.*

ZUTATEN *(für 4 Personen)*
8 große Kartoffeln
Öl
Salz, Paprikapulver

Kartoffelchips

AUS DEM OFEN

ZUBEREITUNG

KARTOFFELN waschen, schälen und in hauch-
dünne Scheiben schneiden. Etwas Öl, Salz und
Paprikapulver in einer Schüssel verrühren. Die
Kartoffelscheiben darin wenden. Dann die Kartoffelscheiben auf ein Backblech legen und im
vorgeheizten Backofen bei 200° (Umluft) ca.
15 Minuten backen. Zwischendurch wenden.

TIPP: *Auch aus Süßkartoffeln lassen sich wunderbar
knusprige Chips zubereiten: eine leckere Beilage zu
Fleischgerichten jeder Art. Auch mit einem pikanten Dip
schmecken Chips als kleiner Snack zwischendurch immer
gut.*

Kartoffelchips

AUS DEM OFEN

Kartoffelcrêpes

ZUTATEN *(für 4 Personen)*
600 g Kartoffeln (mehligkochend)
2 EL Milch
1 EL Kartoffelmehl
6 Eier
½ Becher süße Sahne
½ TL Salz
Fett zum Ausbacken

Kartoffelcrêpes

ZUBEREITUNG

KARTOFFELN schälen, waschen, in reichlich Salzwasser weich kochen und anschließend durch eine Kartoffelpresse drücken. Danach abkühlen lassen.

MEHL, KARTOFFELMEHL, Eier, Sahne und etwas Salz zur Kartoffelmasse geben und alles gründlich verrühren. Den Kartoffelteig anschließend ca. 30 Minuten ruhen lassen.

DEN KARTOFFELTEIG portioniert in einer heißen, gefetteten Pfanne zu dünnen Pfannkuchen ausbacken.

TIPP: *Mit Kartoffelcrêpes lässt sich immer punkten. Je nach gewählter Variante kann man sie sehr gut als Beilage, Hauptgericht oder auch als Dessert servieren. Sie schmecken sowohl mit einer herzhaften als auch mit einer süßen Füllung sehr lecker.*

ZUTATEN *(für 4 Personen)*
250 g Kartoffeln (festkochend)
1 Knoblauchzehe
20 g Butter für die Form
125 g Sahne
1/8 l Milch
80 g geriebener Gouda, Bergkäse
oder Gruyère
30 g Butterflöckchen
Salz, geriebene Muskatnuss

Kartoffel-Käse-Gratin

ZUBEREITUNG

DIE KNOBLAUCHZEHE abziehen und halbieren.
Eine große flache Gratinform mit den Schnittflä-
chen einreiben. Dann mit der Butter ausstreichen.

DEN BACKOFEN auf 220° (Umluft) vorheizen. Die
Kartoffeln schälen und in 3 mm dicke Scheiben
schneiden. Diese dachziegelartig in der Gratinform
anordnen.

SAHNE UND MILCH zusammen aufkochen. Mit Salz
und Muskatnuss würzen und leicht einkochen
lassen. Dann über die Kartoffeln gießen. Das Ganze
mit dem geriebenen Käse bestreuen und die
Butterflöckchen darüber verteilen. Das Gratin in
den Backofen geben und 60 Minuten überbacken.
Dabei darauf achten, dass der Käse nicht zu dunkel
wird.

TIPP: *Sollte das Gratin schon vor Ende der Garzeit eine
intensive Bräunung angenommen haben, mit Alufolie
abdecken, damit es nicht verbrennt.*

Kartoffel-Käse-Gratin

Kartoffelkroketten

ZUTATEN *(für 4 Personen)*
400 g Kartoffeln (mehligkochend)
2 Eigelb
2 EL Mehl
1 Ei
Semmelbrösel (reichlich)
Salz, Muskat
Fett zum Frittieren

Kartoffelkroketten

ZUBEREITUNG

DIE KARTOFFELN schälen, waschen, in Salzwasser weich kochen, abschütten und gut ausdampfen lassen. Dann durch die Kartoffelpresse drücken, die Eigelbe untermischen und mit Salz und Muskat abschmecken. Sollte die Masse zu feucht sein, etwas Speisestärke dazugeben.

DIE KARTOFFELMASSE in einen Spritzbeutel füllen, 2 cm starke Streifen auf die Arbeitsplatte spritzen, in gleichmäßige Stücke schneiden und eventuell nachrollen. Die Kroketten in Mehl wenden, durch das verquirlte Ei ziehen und mit Semmelbröseln panieren. Die Kartoffelkroketten im heißen Frittierfett goldgelb ausbacken.

TIPP: *Bleibt bei einer Mahlzeit Kartoffelpüree übrig, kann man ihn wunderbar zu Kroketten verarbeiten. Die rohen Kroketten lassen sich gut einfrieren. Dann erst bei Bedarf auftauen und frittieren.*

ZUTATEN *(für 4 Personen)*
500 g Kartoffeln (mehligkochend)
2 Eier (Größe M)
1 EL Speisestärke
100 g gehackte Haselnüsse
2 EL Mehl (für die Arbeitsplatte)
4 El Butterschmalz (zum Ausbacken)
frisch geriebene Muskatnuss
Salz, Pfeffer

Kartoffel-Nuss-Plätzchen

ZUBEREITUNG

DIE KARTOFFELN schälen, waschen, in gleich große Stücke schneiden, kochen, abgießen und etwas auskühlen lassen.

EIER TRENNEN, aus dem Eiweiß Eischnee schlagen. Mit der Kartoffelpresse die Kartoffeln zu den Eigelben in eine Schüssel drücken, Speisestärke, Gewürze und die vorher gerösteten Haselnüsse zugeben. Alles zügig zu einem Teig verarbeiten. Den Eischnee unterheben.

AUS DEM TEIG auf der bemehlten Arbeitsfläche eine etwa 5 cm dicke Rolle formen, diese dann in gleich dicke Scheiben schneiden.

BUTTER IN DER PFANNE schmelzen lassen und bei mittlerer Temperatur die Kartoffelplätzchen ausbacken. Auf Küchenkrepp etwas ruhen lassen, um überschüssiges Fett abzunehmen. Warm servieren.

Kartoffel-Nuss-Plätzchen

Kartoffelsalat

MIT RÄUCHERLACHS

ZUTATEN *(für 4 Personen)*
2 kg Kartoffeln (festkochend)
6–8 Eier (Größe M)
1 mittelgroße Zwiebel
¼ l klare Gemüsebrühe (Instant)
ca. 5 EL Weißweinessig
150 g Crème fraîche, 300 g Vollmilch-Joghurt
ca. 100 g frischer Meerrettich (gerieben)
400 g Räucherlachs
½ Bund Schnittlauch, ½ Bund Dill
Salz, Pfeffer

Kartoffelsalat

MIT RÄUCHERLACHS

ZUBEREITUNG

KARTOFFELN waschen und in reichlich kochendem Wasser ca. 20 Minuten garen. Die Eier anstechen, ebenfalls in reichlich kochendes Wasser geben und 10 Minuten kochen. Anschließend unter kaltem Wasser abschrecken und auskühlen lassen. Die Kartoffeln abgießen, kalt abschrecken und pellen.

KARTOFFELN in Scheiben schneiden, die Zwiebel abziehen und fein würfeln. Brühe, Essig, Zwiebelwürfel sowie etwas Salz und Pfeffer in einem Topf erhitzen.

CRÈME FRAÎCHE, Joghurt, Meerrettich und 1 Prise Salz verrühren. Zuerst die heiße Vinaigrette unter die lauwarmen Kartoffelscheiben mischen. Ca. 5 Minuten ziehen lassen. Dann die Meerrettichsauce unterheben und den Salat mindestens eine Stunde ziehen lassen.

LACHS in Streifen schneiden. Eier pellen und klein schneiden. Schnittlauch waschen, trocken tupfen und in feine Röllchen schneiden. Dill waschen, trocken tupfen und fein hacken. Lachs, Eier, Dill und Schnittlauch (bis auf eine kleine Menge für die Dekoration) unter den Salat mischen. Mit Salz und Pfeffer abschmecken und auf kleinen Tellern anrichten. Mit den restlichen Schnittlauchröllchen garnieren.

ZUTATEN *(für 8 Personen)*
1,6 kg Kartoffeln (festkochend)
2 mittelgroße Zwiebeln
¼ l Gemüsebrühe (Instant)
ca. 4 EL Weißweinessig
4 Eier (Größe M)
100 g Gewürzgurken
½ Bund Petersilie
½ Bund Schnittlauch
30 g Kapern
500 g cremiger Vollmilch-Joghurt
200 g Salatmayonnaise
Salz, Pfeffer

Kartoffelsalat

MIT REMOULADENSAUCE

ZUBEREITUNG

ZWIEBELN abziehen und fein würfeln. Kartoffeln waschen und zugedeckt in kochendem Salzwasser ca. 20 Minuten garen. Kartoffeln abgießen, unter kaltem Wasser abschrecken und abtropfen lassen. Kartoffeln pellen und in Scheiben schneiden.

BRÜHE, ESSIG, Zwiebelwürfel, 1 Prise Salz und Pfeffer in einem Topf erhitzen. Die heiße Vinaigrette über die lauwarmen Kartoffelscheiben gießen und gut vermengen. Durchziehen und auskühlen lassen.

DIE EIER anstechen und in reichlich kochendem Wasser ca. 10 Minuten hart kochen. Dann unter kaltem Wasser abschrecken und auskühlen lassen. Die Gewürzgurken fein würfeln. Die Kräuter waschen und trocken schütteln. Petersilie hacken, den Schnittlauch in feine Röllchen schneiden. Die Eier schälen und fein würfeln. Kapern abtropfen lassen.

FÜR DIE REMOULADENSAUCE Joghurt und Mayonnaise verrühren, mit 1 Prise Salz und Pfeffer würzen. Mit den übrigen Kräutern, Gurken, Eiern und Kapern verrühren. Die Remouladensauce zum Kartoffelsalat geben, gut vermengen und nochmals 1 Stunde durchziehen lassen.

Kartoffelsalat

MIT REMOULADENSAUCE

Kartoffel-Sellerie-Schnee

ZUTATEN *(für 4 Personen)*
400 g Kartoffeln (mehligkochend)
400 g Knollensellerie (geschält)
40 g Butter
1 Thymianzweig
300 ml Geflügelfond
40 ml geschlagene Sahne

Kartoffel-Sellerie-Schnee

ZUBEREITUNG

KARTOFFELN UND SELLERIE grob reiben und in 15 g Butter farblos
anschwitzen. (Die restliche Butter kalt stellen.) Den Thymianzweig
dazugeben und alles knapp mit Geflügelfond bedecken. Im geschlos-
senen Topf weich garen. Dann die Kartoffel-Sellerie-Masse abgießen, die
Flüssigkeit dabei auffangen. Die Masse durch ein Sieb streichen, mit der
restlichen Butter gründlich vermengen und so viel von dem aufgefan-
genen Fond zugeben und verrühren, bis die Masse die gewünschte
sämige Konsistenz aufweist. Den Kartoffel-Sellerie-Schnee warm stellen
und kurz vor dem Anrichten die geschlagene Sahne unterziehen.

TIPP: *Bleibt viel Kartoffel-Sellerie-Schnee übrig, lässt sich daraus wunderbar
am nächsten Tag ein Soufflé zaubern:*

Soufflé

ZUTATEN:
Kartoffelpüree vom Vortag
2 Eigelb
50 g gewürfelter Schinken
20 g Hartkäse, gemischte Kräuter
(nach Belieben)
3 Eiweiß

ZUBEREITUNG:
Eigelb, Schinken, Käse und
gehackte Kräuter mit dem Püree
verrühren. Das Eiweiß schnittfest
schlagen und unterheben. Eine
Form einfetten und die Soufflé-
masse hineingeben. Im Backofen
bei 180° (Umluft) 25 Minuten
backen. Anschließend sofort
servieren.

ZUTATEN *(für 4 Personen)*
300 g Kartoffeln (festkochend)
300 g Löwenzahn
50 g magerer Speck
2 Schalotten (oder 1 Zwiebel)
1 Knoblauchzehe
2–3 EL milder Essig
50 ml Brühe, Olivenöl
1 TL Senf
1 EL gehackte Petersilie
1 EL gehackter Schnittlauch
Salz, Pfeffer

Lauwarmer Kartoffelsalat

MIT LÖWENZAHN

ZUBEREITUNG

DIE KARTOFFELN unter fließendem Wasser gründlich bürsten und
waschen, dann in einem Topf mit Salzwasser zum Kochen bringen.
Ca. 25 Minuten gar kochen (je nach Größe) und dann abgießen.
Im Topf unter gelegentlichem Schütteln ausdampfen lassen.

DEN SPECK würfeln und in Olivenöl anbraten. Die Schalotten und den
Knoblauch abziehen, würfeln und kurz mitbraten. Mit Essig ablöschen
und mit Brühe aufgießen. Etwas Öl und Senf dazugeben, alles glatt
rühren und mit Salz und Pfeffer würzen. Etwas einkochen lassen.

DIE NOCH WARMEN KARTOFFELN schälen und in ca. 5 mm dicke
Scheiben schneiden. In die heiße Marinade geben, von der Flamme
nehmen und ziehen lassen.

LÖWENZAHN putzen, waschen und trocken schleudern. Mit Petersilie
und Schnittlauch zu den noch warmen Kartoffeln geben und sofort
anrichten.

TIPP: *Vor der Blüte schmecken die Blätter des Löwenzahns noch nicht so bitter.*

Lauwarmer Kartoffelsalat

MIT LÖWENZAHN

ZUTATEN *(für 4 Personen)*
2 kg große Frühkartoffeln
(können ungeschält gegessen werden)
Olivenöl
5 Knoblauchzehen
3 Zweige Rosmarin
Meersalz, Pfeffer
1 unbeh. Zitrone

Mediterrane Kartoffelstäbchen

ZUBEREITUNG

ZUNÄCHST ein Backblech im Backofen bei 200° Ober- und Unterhitze vorheizen. Die Kartoffeln gut waschen, trocken reiben und in 1 cm dicke Stäbe schneiden. Ca. 10 Minuten in Salzwasser vorkochen und abgießen.

IN EINER PFANNE etwas Olivenöl erhitzen, die geschälten Knoblauchzehen mit den Kartoffeln darin wenden. Mit Pfeffer würzen. Alles auf das vorgewärmte Backblech verteilen und ca. 20 Minuten im Backofen goldbraun backen.

WÄHRENDDESSEN die Rosmarinnadeln abzupfen, mit der Zitronenschale fein hacken und mit Meersalz mischen. Variante: Die Zutaten in einen Mörser geben und zerreiben.

DIE KARTOFFELSTÄBCHEN, wenn sie aus dem Ofen kommen, direkt mit Salz bestreuen.

ZUTATEN *(für 4 Personen)*
500 g Kartoffeln (mehligkochend)
100 ml Wasser
75 g Mehl
25 g Butter
Salz, geriebene Muskatnuss
1–2 Eier (je nach Größe)
Fett zum Frittieren

Pommes dauphines

ZUBEREITUNG

DIE KARTOFFELN in Salzwasser kochen, ausdampfen lassen und durch die Kartoffelpresse drücken.

FÜR DEN BRANDTEIG Wasser zusammen mit Butter, Salz und geriebener Muskatnuss aufkochen. Dann das Mehl in einem Schub (wichtig) in das kochende Wasser geben und sofort mit einem Holzlöffel rühren. Die Masse „abbrennen", d. h. so lange auf der heißen Kochplatte rühren, bis sich an Topfboden und Topfrand eine dünne weiße Schicht bildet. Die Brandmasse aus dem Topf in eine Schüssel geben und etwas abkühlen lassen.

DANN DAS EI unterrühren. Für den Fall, dass 2 kleinere Eier verarbeitet werden: Erst ein Ei vollständig einarbeiten, bevor das nächste hinzugegeben wird. Dann die passierten Kartoffeln unter die Brandmasse rühren. Entweder mit 2 Teelöffeln Nocken abstechen oder mit Spritztülle und Spritzkrapfenform kleine Stückchen spritzen und sofort in tiefem Fett (Fritteuse) ausbacken.

VARIANTE: *Nach Belieben vor dem Ausbacken z. B. Parmesankäse, Mandeln oder Sesam in die Kartoffelmasse geben.*

Pommes dauphines

Pommes duchesse

(HERZOGINKARTOFFELN)

Pommes duchesse

(HERZOGINKARTOFFELN)

ZUBEREITUNG

KARTOFFELN schälen, größere Kartoffeln ein- oder zweimal durchschneiden. In einen Topf geben, 1 TL Salz darüber geben, mit Wasser knapp bedecken und zum Kochen bringen. Bei geschlossenem Deckel 20–25 Minuten gar kochen. Abgießen, abdämpfen, sofort durch eine Kartoffelpresse drücken und erkalten lassen.

DAS BACKBLECH fetten und den Backofen auf ca. 200° Ober- und Unterhitze vorheizen.

DIE ERKALTETE KARTOFFELMASSE mit Ei und Butter verrühren und mit Salz und Muskatnuss würzen. Die Masse in einen Spritzbeutel mit großer Sterntülle füllen und in Form von kleinen Tuffs auf das Backblech spritzen. Eigelb mit Milch verschlagen und die Tuffs damit bestreichen. In den Backofen geben und ca. 12 Minuten backen.

TIPP: *Ohne Kartoffelpresse geht es auch: Mit dem Kartoffelstampfer die Kartoffeln zu einer konsistenten Masse zerdrücken.*

ZUTATEN *(für 4 Personen)*
6 gekochte Pellkartoffeln vom Vortag
50 g Speck
1 Zwiebel
70 g Mehl
70 g Kartoffelmehl
1 EL Butterschmalz
Salz, Pfeffer

Pommes macaire

(MACAIREKARTOFFELN)

ZUBEREITUNG

DIE GEKOCHTEN KARTOFFELN pellen und durch
die Kartoffelpresse drücken. Speck und Zwiebel
würfeln und andünsten. Mit den Kartoffeln
mischen, die Mehle dazu sieben und alles zu
einer festen Masse kneten. Mit Salz und Pfeffer
abschmecken.

ZU EINER ROLLE formen und in fingerdicke
Scheiben schneiden. In Butterschmalz goldgelb
ausbacken.

TIPP: *Wenn die Kartoffelmasse nicht fest genug ist,
eventuell ein Eigelb dazugeben.*

VARIANTE: *Wer Speck und Zwiebeln nicht gern mag,
kann stattdessen nach Belieben z. B. Kräuter oder Pilze
verwenden. Auch durch verschiedene Gewürze lassen sich
die Macairekartoffeln in ihrer Geschmacksausrichtung
gut variieren.*

Pommes macaire

(MACAIREKARTOFFELN)

Schwäbischer Kartoffelsalat

TIPP: *Bei der Zubereitung dieses Salates
nie die Brühe auf einmal hinzugeben –
immer erst nach und nach. Dabei unbedingt
achtgeben, ob die Kartoffeln die Brühe
schon aufgesogen haben.*

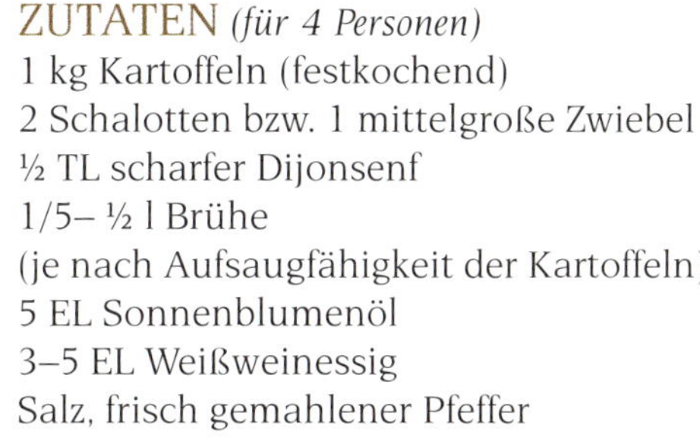

Schwäbischer Kartoffelsalat

ZUBEREITUNG

DIE KARTOFFELN 1 Stunde vor dem Servieren des Kartoffelsalats in einen Topf mit stark gesalzenem kalten Wasser geben und gar kochen.

DIE BRÜHE aufsetzen, Senf hinzugeben und einmal aufkochen lassen. Die Zwiebel fein würfeln.

CA. 20 MINUTEN vor dem Verzehr des Salats die Kartoffeln (noch warm) pellen und in sehr feine Scheiben schneiden. Den Kartoffelscheiben sofort die Zwiebelwürfel und immer so viel Brühe zugeben, bis sich die Kartoffelscheiben vollgesogen haben. Würzen und mit Weißweinessig kurz durchziehen lassen. Zwischendurch den Salat wenden. Das Öl vorsichtig unter den Kartoffelsalat heben. Abschmecken und eventuell nachwürzen.

KURZ VOR DEM SERVIEREN den Kartoffelsalat noch einmal mit wenig kochender Brühe vermengen. Der schwäbische Kartoffelsalat sollte immer sehr saftig serviert werden.

Hauptgerichte

Baskischer Kartoffel-Fisch-Eintopf

ZUTATEN *(für 4 Personen)*

400 g Kartoffeln
900 g Thunfisch (oder anderer
festfleischiger Fisch)
2 EL Olivenöl
1 große Zwiebel, grob gehackt
2 Knoblauchzehen, fein gehackt
250 g Tomaten aus der Dose, gehackt

1 gelbe Paprikaschote
frische Kräuter nach Belieben
(z. B. Petersilie, Kerbel,
Basilikum etc.)
300 ml kaltes Wasser
Salz, Pfeffer

Baskischer Kartoffel-Fisch-Eintopf

ZUBEREITUNG

KARTOFFELN schälen und in ca. 5 cm große Würfel schneiden. Paprika putzen, entkernen, waschen und grob würfeln. Den Thunfisch säubern und würfeln (andere Fischsorten ggf. vorher entgräten und häuten).

DAS OLIVENÖL in einem Topf erhitzen und die Zwiebel darin bei mittlerer Hitze andünsten, dabei gelegentlich umrühren. Knoblauch zufügen und kurz mit andünsten. Die Dosentomaten dazugeben, abdecken und bei mittlerer Hitze 30 Minuten köcheln lassen, so dass die Tomatensauce etwas eindickt.

WÄHRENDDESSEN Kartoffeln in einen großen Topf mit Wasser geben (so viel Wasser, dass sie bedeckt sind) und zum Kochen bringen. Paprika dazugeben, die Hitze reduzieren und das Ganze weitere 15 Minuten köcheln lassen. Kartoffeln und Paprika anschließend abgießen, dabei das Kochwasser auffangen.

PAPRIKA und Kartoffeln zur Tomatensauce geben und kräftig durchrühren. Dann die Thunfischwürfel hinzufügen und leicht unterrühren. Mit Salz und Pfeffer abschmecken und 8–10 Minuten leicht kochen lassen, bis der Fisch zart ist. (Eventuell noch etwas vom Kartoffel-Kochwasser hinzugeben, wenn der Fisch in dickere Würfel geschnitten wurde.) Die Kräuter waschen, fein hacken und zum Fischtopf geben. Kurz mitziehen lassen, damit sich ihr Aroma besser entfalten kann.

ZUTATEN *(für 4 Personen)*
1 Bio-Brathuhn
2 kg Kartoffeln (festkochend)
1 ganze Knoblauchknolle
1 unbehandelte Zitrone
Olivenöl
1 Bund frischer Thymian
½ Bund Rosmarin
Meersalz, Pfeffer

Geröstete Rosmarinkartoffeln

MIT ZITRONENHUHN

ZUBEREITUNG

DAS HUHN gründlich waschen, mit Küchenkrepp trocken tupfen und sowohl innen wie außen reichlich mit Salz und Pfeffer einreiben. Den Backofen auf 190° Ober- und Unterhitze vorheizen.

DIE KARTOFFELN schälen, waschen und vierteln. Die ungeschälte Knoblauchknolle in Zehen zerteilen. In einem großen Topf Salzwasser zum Kochen bringen und Kartoffeln, Knoblauchzehen und die Zitrone 10 Minuten darin kochen. Durch ein Sieb abgießen und ausdampfen lassen.

DIE ZITRONE ein paar Mal vorsichtig anstechen. Das Huhn rundherum mit Olivenöl einreiben. Knoblauch, Zitrone und Thymian in das Huhn hineinstopfen. Dann in einen Bräter legen und im Ofen 45 Minuten braten. Das Huhn anschließend herausnehmen und auf einem Teller beiseitestellen.

DIE ROSMARINNADELN abzupfen. Zusammen mit den Kartoffeln im Bratfett des Huhns wenden. Danach das Huhn wieder in die Mitte des Bräters legen und für weitere 45 Minuten in den Backofen geben, bis die Kartoffeln goldbraun sind. Sollte das Huhn vor Ende der Garzeit zu dunkel werden, zwischendurch mit Folie bedecken, diese dann aber wieder abnehmen, damit das Huhn knusprig wird und bleibt.

Geröstete Rosmarinkartoffeln

MIT ZITRONENHUHN

Hachis Parmentier

ZUTATEN *(für 4 Personen)*

1 kg Kartoffeln	100 ml Milch
300 g Hackfleisch (Rind)	100 g Butter
100 g Speckwürfel	50 g geriebener Käse
1 Zwiebel	Salz, Pfeffer, Muskat
1 Ei	
3 EL Petersilie	

Hachis Parmentier

ZUBEREITUNG

KARTOFFELN SCHÄLEN, waschen, vierteln und in Salzwasser ca. 30 Minuten gar kochen. Die Zwiebel würfeln und in einer Pfanne in etwas Butter anschwitzen. Die Speckwürfel dazugeben. Nach ca. 5 Minuten das Hackfleisch hinzufügen, mit Salz und Pfeffer würzen und ebenfalls anbraten.

WÄHRENDDESSEN die Petersilie waschen, trocken tupfen und klein hacken. Wenn das Hackfleisch durchgebraten ist, zusammen mit den Zwiebel- und Speckwürfeln in eine Schüssel geben und mit dem Ei und der gehackten Petersilie vermengen.

DIE GAR GEKOCHTEN KARTOFFELN abgießen und unter Zugabe der Milch und der restlichen Butter ein Kartoffelpüree zubereiten. Mit Muskatnuss und evtl. Salz und Pfeffer abschmecken.

DIE HÄLFTE DES PÜREES in eine Auflaufform geben und gleichmäßig verteilen. Die Hackfleischmischung darauf verteilen. Dann das restliche Püree darauf schichten, dabei sollte die Hackfleischmischung ganz bedeckt sein. Abschließend den geriebenen Käse (vorzugsweise frischer Parmesan) über den Auflauf streuen und im vorgeheizten Backofen bei 200° Ober- und Unterhitze 15–20 Minuten backen.

INFO: *Als Hachis Parmentier bezeichnet man die französische Zubereitungsweise eines Kartoffel-Hackfleisch-Auflaufs – ein Klassiker, der einfach zuzubereiten ist.*

ZUTATEN *(für 4 Personen)*
400 g Kartoffeln (festkochend)
600 g Kabeljaufilet
200 g Champignons
1 mittelgroße Zwiebel
150 ml Weißwein
300 ml Brühe, 300 ml Sahne
1 Ei, 5 EL Olivenöl
Salz, Pfeffer, 1 EL Mehl
1 EL Petersilie

Kabeljaufilet mit Kartoffelhaube

AN RAHMCHAMPIGNONSAUCE

ZUBEREITUNG

FÜR DIE PILZSAUCE die Pilze abreiben, putzen und blättrig schneiden.
Die Zwiebel klein würfeln und in 2 EL Olivenöl anbraten. Die Pilze kurz
mitdünsten. Dann Wein und Brühe angießen und köcheln lassen. Nach
ca. 5 Minuten die Sahne zugeben und aufkochen. Dann alles pürieren,
mit Salz und Pfeffer abschmecken und beiseitestellen.

DAS KABELJAUFILET abbrausen, mit Küchenkrepp trocken tupfen und
in 8 Portionen teilen. Danach salzen und pfeffern.

KARTOFFELN schälen, fein raspeln, in einem Küchentuch gut ausdrücken und mit Salz und Pfeffer würzen. Das Ei, die Petersilie und das
Mehl untermengen. Die Kartoffelmasse in 8 Portionen teilen. Jeweils
eine Portion abteilen, mit der Hand fest zusammen- und auf eines der
Fischstücke drücken.

DAS RESTLICHE ÖL in der Pfanne erhitzen und den Fisch auf der mit
Kartoffelmasse bedeckten Seite knusprig anbraten. Nur mit mittlerer
Hitze arbeiten, sonst ist die Kartoffelkruste außen dunkel und innen
roh. Den Fisch wenden und noch ca. 5 Minuten weitergaren. Der Fisch
ist dann gar, wenn er strahlend weiß ist.

ZUSAMMEN mit der Rahmchampignonsauce auf Tellern anrichten.

Kabeljaufilet mit Kartoffelhaube

AN RAHMCHAMPIGNONSAUCE

Kartoffel-Bataten-Eintopf

ZUTATEN *(für 4 Personen)*
250 g Kartoffeln
250 g Süßkartoffeln (Bataten)
1 Zwiebel
 200 g Lauch
150 g Cabanossi
2 EL Öl
500 ml Gemüsebrühe
100 ml Schlagsahne
1 Lorbeerblatt
4 Stiele Majoran
Salz, Pfeffer

Kartoffel-Bataten-Eintopf

ZUBEREITUNG

KARTOFFELN und Süßkartoffeln schälen und waschen. Die Kartoffeln würfeln, die Süßkartoffeln in Scheiben schneiden. Zwiebel abziehen und würfeln. Lauch putzen, waschen und in Ringe schneiden. Die Cabanossi in Scheiben schneiden. Majoranblätter von den Stielen zupfen und klein schneiden.

ÖL IM TOPF erhitzen. Die Zwiebelwürfel darin glasig dünsten. Die Cabanossi und den Lauch zugeben und kurz mitdünsten. Mit Gemüsebrühe ablöschen, das Lorbeerblatt, Salz und Pfeffer zugeben und alles zugedeckt 15 Minuten dünsten.

DIE SAHNE zugeben und abschmecken. Auf Tellern anrichten und mit Majoran bestreuen.

ZUTATEN *(für 4 Personen)*
1 kg Kartoffeln (festkochend)
750 g Kassler
30 g Butter, 20 g Mehl
150 g Schlagsahne
1 Zwiebel
250 ml Gemüsebrühe
150 g Raclette-Käse
geriebene Muskatnuss
Pfeffer, Fett für die Form

Kartoffelgratin
MIT KASSLER

ZUBEREITUNG

KARTOFFELN gründlich waschen und in reichlich kochendem Wasser ca. 20 Minuten garen.

IN DER ZWISCHENZEIT die Zwiebel abziehen und in feine Ringe schneiden. Kassler in ca. 1 cm dicke Scheiben schneiden. Butter in einem Topf erhitzen, die Zwiebelringe darin andünsten und mit Mehl bestäuben. Sahne und Brühe unter stetigem Rühren angießen und aufkochen. Die Sauce ca. 3 Minuten unter Rühren köcheln lassen. Mit Muskatnuss und Pfeffer würzen.

DIE KARTOFFELN abgießen, unter kaltem Wasser abschrecken und pellen. In Scheiben schneiden und zusammen mit den Kasslerscheiben fächerförmig in eine flache, zuvor gefettete Auflaufform schichten. Die Sauce gleichmäßig darüber gießen und mit Käse belegen.

IM VORGEHEIZTEN BACKOFEN (Ober- u. Unterhitze: 200°, Umluft: 175°, Gas: Stufe 3) 25–30 Minuten überbacken.

Kartoffelgratin

MIT KASSLER

Kartoffel-Lamm-Eintopf

ZUTATEN *(für 6 Personen)*

1,2 kg Lammkeule	700 g Kartoffeln
(ohne Knochen)	700 g Tomaten
30 g Butterschmalz	2 TL Thymian
5 Zwiebeln	200 g Crème fraîche
1–2 Knoblauchzehen	1 Bund Basilikum
30 g Mehl, ¼ l Brühe	Salz, Pfeffer

Kartoffel-Lamm-Eintopf

ZUBEREITUNG

FLEISCH WÜRFELN und im Butterschmalz anbraten. Zwiebeln in Scheiben schneiden, Knoblauch pressen und beides zum Fleisch geben. Mit Salz und Pfeffer würzen und mit Mehl bestäuben. Anschwitzen, dann die Brühe zugießen und zugedeckt knapp eine Stunde schmoren.

DIE KARTOFFELN schälen und in der Länge vierteln. Die Tomaten waschen, entkernen und in Scheiben schneiden. Die Kartoffeln 5 Minuten kochen, dann unter das Fleisch heben. Die Kartoffel-Fleisch-Mischung in eine Auflaufform geben. Mit Tomatenscheiben belegen und mit Salz, Pfeffer und Thymian würzen.

DIE BASILIKUMBLÄTTER von den Stielen zupfen, waschen, trocken tupfen und klein hacken. Mit Crème fraîche, Salz und Pfeffer verrühren und über die Tomaten verteilen. Im vorgeheizten Backofen bei 225° (Ober- und Unterhitze) 40 Minuten offen garen.

TIPP: *Lammfleisch von sehr guter Qualität kauft man am besten in türkischen Lebensmittelläden oder in Metzgereien.*

ZUTATEN *(für 4 Personen)*

300 g TK-Blätterteig
1,5 kg kleine Kartoffeln
(festkochend)
300 g durchwachsener Speck
4 Eier, 1 Eiweiß, 1 Eigelb
3 EL Schnittlauch, feine Röllchen
3 EL gehackter Majoran
300 g Crème fraîche

Mehl (für die Arbeitsfläche)
Muskatnuss, gerieben
Paprikapulver, edelsüß
Salz, weißer Pfeffer

ZUM BESTREICHEN:
½ Eigelb
1 EL Milch

Kartoffelpastete mit Speck

ZUBEREITUNG

KARTOFFELN waschen, in einem Topf mit Wasser (Kartoffeln sollen
bedeckt sein) zum Kochen bringen und ca. 20–25 Minuten gar kochen.
Heiß pellen und erkalten lassen.

KARTOFFELN in Scheiben schneiden und den Speck würfeln. Die Hälfte
des Blätterteigs auf einer bemehlten Arbeitsfläche zu einer runden
Platte von 28 cm Durchmesser ausrollen. Damit den Boden und die
Ränder einer Springform (vorher mit kaltem Wasser abspülen) ausklei-
den, so dass ein 3 cm hoher Rand entsteht.

KARTOFFELSCHEIBEN, Speckwürfel, Schnittlauch und Majoran abwechselnd auf den Teigboden schichten, dabei die Kartoffelscheiben mit Salz
und Pfeffer würzen.

CRÈME FRAÎCHE mit Eiern, Eiweiß und Eigelb verschlagen, mit Salz,
Pfeffer, Muskat und Paprikagewürz kräftig würzen und über die ge-
schichteten Zutaten verteilen. Den restlichen Blätterteig in Größe der
Tortenoberfläche ausrollen und auf die Füllung legen, dabei etwas
andrücken. Eigelb mit Milch verquirlen und auf die Teigoberfläche
streichen. Die Teigoberfläche mehrmals mit einer Gabel einstechen.

DIE SPRINGFORM auf den Rost in den Backofen schieben (unterste
Schiene). Bei 200–220° Ober- und Unterhitze (Umluft: 180–200°,
Gas: Stufe 3–4) eine Stunde backen.

Kartoffelpastete mit Speck

SERVIERTIPP: Dazu passt ein gemischter Blattsalat mit einer Essig-Öl-Vinaigrette (4 EL Olivenöl, 1 EL Weinessig, 1 TL mittelscharfer Senf, Salz und Pfeffer) ganz hervorragend. Das Öl immer zum Schluss unter ständigem Rühren einarbeiten.

Kartoffelpuffer

MIT APFELMUS

ZUTATEN *(für 4 Personen)*

1 kg Kartoffeln, 1 Zwiebel
2–3 Eier (je nach Größe)
1 EL Kartoffelstärke
Butterschmalz
1 Prise Muskatnuss
(frisch gerieben)
1 Prise Salz, Pfeffer

FÜR DAS APFELMUS:
8 Äpfel
Wasser
evtl. Zucker

Kartoffelpuffer

MIT APFELMUS

ZUBEREITUNG

FÜR DIE KARTOFFELPUFFER Kartoffeln waschen, schälen, reiben und in eine Schüssel geben. (Dabei eine möglichst feine Reibe verwenden, so bekommen die geriebenen Kartoffeln eine breiige Konsistenz). Die geriebenen Kartoffeln mit der Hand etwas ausdrücken, dann wird die Masse weniger feucht. Zügig weiterarbeiten, damit die Kartoffelmasse in die Pfanne gegeben werden kann, bevor sie sich bräunlich verfärbt. Die geriebene Zwiebel und die Eier zugeben und mit Salz und Pfeffer würzen. Mit Butterschmalz in der Pfanne ausbraten. Auf Küchenkrepp abtropfen lassen, um das überschüssige Fett zu reduzieren. Die Kartoffelpuffer sofort servieren.

FÜR DAS APFELMUS die Äpfel schälen und entkernen. In grobe Stücke schneiden und in einen Topf geben. Wenig Wasser zugeben und bei geschlossenem Deckel kochen. Wenn die Apfelstückchen weich sind, zu Mus verrühren. Nach Belieben mit Zucker nachsüßen.

TIPP: *Kartoffelpuffer lassen sich je nach Geschmack vielfältig variieren, indem man die Hälfte der Kartoffelmenge durch ein anderes Gemüse wie z. B. Karotten, Kürbis, Zucchini etc. ersetzt.*

ZUTATEN (*für 4 Personen*)
400 g frisches Lachsfilet
½ kleine Gurke
2 kleine säuerliche Äpfel
1 EL gehackter Dill
Salz, Pfeffer
1 Spritzer Zitronensaft
2 EL Joghurt, 1 EL Senf
½ EL Honig
1 EL Traubenkernöl

FÜR DIE RÖSTI:
4 mittelgroße Kartoffeln
Salz, Muskat, Pfeffer, Butterschmalz
1–2 EL Speisestärke

FÜR DEN DIP:
100 g Vollmilchjoghurt
100 g Magerquark
3 TL geriebener Ingwer
1–2 TL Wasabi, Salz, Zucker
2 EL glatte Petersilie oder Koriander

Kartoffelrösti

MIT LACHSBURGER & WASABI-DIP

ZUBEREITUNG

DAS LACHSFILET waschen und von der Haut befreien. Mit einem scharfen Messer das Filet fein hacken. In eine Schüssel geben und kalt stellen.

DIE GURKE waschen, schälen, mit einem Teelöffel entkernen und fein würfeln. Die Äpfel waschen, schälen, entkernen und ebenfalls fein würfeln. Beides mit dem Lachs mischen. Salzen, pfeffern und einen Spritzer Zitronensaft zugeben. Joghurt, Senf und Honig unter die Lachsmasse ziehen. Dill fein hacken und zum Lachs geben.
Die Lachsmischung zu 8 gleich großen Kugeln formen und flach drücken. In einer beschichteten Pfanne das Traubenkernöl erhitzen und den Lachstatar von beiden Seiten braten.

FÜR DIE RÖSTI die Kartoffeln schälen, waschen, mit einer Küchenreibe reiben und würzen. Die Speisestärke hineingeben (für eine festere Konsistenz). Butterschmalz in einer beschichteten Pfanne erhitzen. Die Kartoffelmasse in 4 gleich große Portionsscheiben formen und in der Pfanne goldgelb braten.

FÜR DEN DIP Joghurt, Magerquark, Ingwer und Wasabi cremig rühren. Mit Salz und Pfeffer abschmecken. Die Petersilie bzw. den Koriander unterheben.

WIE EINEN BURGER anrichten und servieren.

Kartoffelrösti

MIT LACHSBURGER & WASABI-DIP

INFO: Wasabi ist ein scharfer japanischer Meerrettich. Echter Wasabi ist deutlich schärfer als europäischer Meerrettich.

Kartoffel-Spinat-Auflauf

ZUTATEN *(für 4 Personen)*
1 kg Feldspinat
10 neue Kartoffeln *(festkochend)*
4 Knoblauchzehen
2 Eier
200 ml süße Sahne
200 ml Milch
150 g Parmesan, frisch gerieben
Muskatnuss, frisch gerieben
Olivenöl, Salz

Kartoffel-Spinat-Auflauf

ZUBEREITUNG

SPINAT von groben Strünken befreien, gründlich waschen und trocken
schleudern. Kartoffeln schälen, waschen und in Scheiben schneiden.
Eine ovale Auflaufform mit Olivenöl ausstreichen. Die Knoblauchzehen
abziehen, ausdrücken und gleichmäßig in der Auflaufform verteilen.

IN EINEM TOPF Olivenöl erhitzen. Den Spinat darin andünsten und mit
Salz würzen. Anschließend Kartoffeln und Spinat abwechselnd in die
Auflaufform schichten, mit einer Spinatschicht abschließen. Dann mit
einer Prise geriebener Muskatnuss und Salz vorsichtig würzen.

AUS DEN EIERN, Sahne, Milch, einer Zwei-Drittel-Menge vom geriebenen Parmesan und einer Prise Muskatnuss eine geschmeidige Masse
rühren. Die Mischung über die geschichtete Kartoffel-Spinat-Masse
gießen. Sie muss vollständig mit Flüssigkeit bedeckt sein. Den restlichen Parmesan darüber streuen und etwas Olivenöl darüber träufeln.
Den Auflauf für 40 Minuten in den 180° (Umluft) heißen Backofen
geben. Sollte die Käsekruste vor Ende der Garzeit eine zu intensive
Bräunung annehmen, den Auflauf mit Alufolie bedecken.

VARIANTE: *Um das Geschmackserlebnis zu erweitern, kann man diesen
Auflauf zusätzlich mit Lachs oder gebratenem Hackfleisch zubereiten.*

ZUTATEN

(für 2 Personen)
400 g Kartoffeln
225 g Wirsingblätter
(ohne Strunk)
4 Eier
½ Bund Petersilie,
gehackt
1 mittlere Zwiebel,
fein gewürfelt
Butterschmalz
1 Knoblauchzehe,
fein gewürfelt
1 EL Mehl
Salz, Pfeffer
evtl. geriebene Muskat-
nuss

FÜR DAS EI:

2 Eier
hitzebeständige Frisch-
haltefolie
Küchengarn
Öl

Wirsing-Bratlinge

ZUBEREITUNG

KARTOFFELN schälen,
waschen, vierteln und in
Salzwasser ca. 20 Minuten
garen. Währenddessen
Zwiebel und Knoblauch in
etwas Butterschmalz
dünsten. Dann 2–3 EL der
gehackten Petersilie zu-
geben und beiseitestellen.

DIE KARTOFFELN abgießen
und durch eine Kartoffel-
presse drücken.
Die Wirsingblätter in
fingerdicke Streifen
schneiden und in Salz-
wasser ca. 2–3 Minuten
blanchieren. Den Wirsing
in ein Sieb geben und kalt
abschrecken.

Wirsing-Bratlinge

MIT POCHIERTEM EI

DIE LEICHT ABGEKÜHL-
TEN Wirsingblätter mit
beiden Händen gut
ausdrücken. Die Petersi-
lien-Zwiebel-Knoblauch-
Mischung zu den
Kartoffeln geben und
zusammen mit dem
Wirsing kurz zu einem
Teig vermischen. Zuvor
gut salzen und pfeffern,
nach Belieben Muskat-
nuss dazugeben. Aus
dem Teig Frikadellen
formen und in Butter-
schmalz goldbraun
braten.

2 TASSEN mit Frisch-
haltefolie (je 30 x 30 cm)
auslegen. Folie dünn mit
Öl bestreichen. In jede
Tasse ein aufgeschla-
genes Ei geben. Die
Folien jeweils zu Beuteln
drehen, dabei darauf
achten, dass möglichst
wenig Luft hineingerät.
Beutel mit Küchengarn
so zusammenbinden,
dass das Garn zwischen
den Folienbeuteln ca.
20 cm lang ist.

FÜR DAS POCHIERTE EI
Wasser in einem großen
Topf aufkochen, die
Eierbeutel über einem
Kochlöffelstiel so ins
Wasser hängen, dass sie
nicht den Topfboden
berühren. Bei milder
Hitze 5–6 Minuten gar
ziehen lassen. Die Eier
aus den Folienbeuteln
herausnehmen, auf die
Bratlinge setzen und mit
Salz und Pfeffer würzen.

INFO: *Bitte unbedingt darauf achten, dass die Frischhaltefolie hitzebeständig ist.
Im Handel erhältlich ist eine Frischhaltefolie für das Frischhalten von Lebensmitteln
und für die Mikrowelle.*

ZUTATEN *(für 4 Personen)*

700 g Rinderschulter (oder -nacken)
500 g Kartoffeln (festkochend)
2 Zwiebeln
1 Chilischote
2 EL Öl, 1 TL brauner Zucker
400 ml Kokosmilch
½ Bio-Limette

FÜR DIE CURRYPASTE:

4 Knoblauchzehen
1 Bund Koriandergrün
1 Stück (2 cm) frischer Ingwer
2 Chilischoten
2 TL Kreuzkümmel, gemahlen
1 TL Kurkuma, Salz

Rindercurry

MIT ERDÄPFELN

ZUBEREITUNG

FÜR DIE CURRYPASTE Knoblauch schälen und grob hacken. Koriander abbrausen und trocken schütteln. Blätter abzupfen, ein paar für die Garnitur zurücklegen, die restlichen Blätter hacken. Den Ingwer schälen und ebenfalls hacken. 2 Chilischoten waschen, entstielen und samt Kernen grob hacken. Alle Zutaten im Blitzhacker fein zerkleinern. Kreuzkümmel, Kurkuma und Salz unterrühren.

ZWIEBELN SCHÄLEN und fein würfeln. Die dritte Chilischote waschen, entstielen und in Ringe schneiden. Das Fleisch in ca. 2 cm dicke Würfel schneiden, dabei Fettstücke und Sehnen entfernen.

DAS ÖL in einem Schmortopf erhitzen. Zwiebelwürfel und Chiliringe darin andünsten. Den Zucker darüber streuen und schmelzen lassen. Die Currypaste unterrühren und kurz andünsten, dann die Kokosmilch und 50 ml Wasser dazugeben und verrühren. Das Fleisch dazugeben. Die Temperatur reduzieren und auf niedriger Stufe das Fleisch ca. 1,5 Stunden weich schmoren, dabei ab und an umrühren.

KARTOFFELN schälen, waschen und ebenfalls in ca. 2 cm große Würfel schneiden. Unter das Fleisch mischen und weitere 20–30 Minuten schmoren, bis auch die Kartoffeln weich sind. Dabei bei Bedarf noch etwas Wasser zugeben.

DIE LIMETTE heiß abwaschen und die Schale fein abreiben. Das Rindercurry mit Salz abschmecken und mit dem Limonenabrieb und dem restlichen Koriander garnieren.

Rindercurry

MIT ERDÄPFELN

TIPP: *Die exotischen Gewürze, die in diesem Gericht Verwendung finden, kann man sehr gut in Asia-Läden kaufen.*

Röstipfanne

MIT SCHINKEN & KÄSE

ZUTATEN *(für 2 Personen)*
500 g Kartoffeln (vorw. festkochend)
50 g magere Schinkenwürfel
4 Eier (Größe M)
1 mittelgroße Zwiebel
50 g geriebener Emmentaler
2 EL Öl
Salz, schwarzer Pfeffer
½ Bund Schnittlauch

Röstipfanne

MIT SCHINKEN & KÄSE

ZUBEREITUNG

DIE ZWIEBEL abziehen und fein würfeln. Die Eier verquirlen und mit Salz würzen. Kartoffeln schälen, waschen und in Stifte hobeln oder grob raspeln.

ÖL IN EINER PFANNE erhitzen. Die Schinken- und Zwiebelwürfel kurz darin anbraten. Kartoffeln zugeben, unter Wenden 1–2 Minuten braten und mit Pfeffer würzen. Zu einem Röstitaler zusammenschieben. Den Emmentaler darüber streuen und mit den Eiern übergießen. Zugedeckt bei schwacher Hitze 6–8 Minuten braten lassen. Wenn die untere Seite gebräunt ist und das Ei gestockt hat, den Rösti mit Hilfe eines flachen Pfannendeckels wenden. Wieder in die Pfanne gleiten lassen und weitere 4–5 Minuten braten.

DEN SCHNITTLAUCH waschen, mit Küchenkrepp trocken tupfen und in Röllchen schneiden. Die Röstipfanne damit bestreuen.

Schaschlikspieße

VOM WILDSCHWEIN

ZUTATEN *(für 4 Personen)*
1 kg Wildschweinrücken
500 ml Weinessig
5 Zwiebeln
Knoblauchzehen
(Menge nach Belieben)
1 Bund Schnittlauch
2 Tomaten
2 Paprikaschoten
(Sorte nach Belieben)
Salz, Pfeffer

ZUBEREITUNG

ZWIEBEL ABZIEHEN und fein würfeln. Schnittlauch waschen, trocken tupfen und in Röllchen schneiden. Beides zusammen in einen Topf geben, mit Essig übergießen, salzen und pfeffern.

DAS FLEISCH WASCHEN und trocken tupfen. Dann in mundgerechte Stücke schneiden und in die Essig-Marinade geben. Das Ganze gut vermischen und 12 Stunden im Kühlschrank ziehen lassen.

TOMATEN UND PAPRIKA WASCHEN, entkernen und in mundgerechte Stücke schneiden. Diese dann im Wechsel mit den Fleischstückchen auf Spieße stecken. Auf einem Holzofengrill 10–15 Minuten grillen, dabei des Öfteren wenden.

TIPP: *Wenn man Holzspieße verwendet, sollte man sie vorher für eine halbe Stunde ins Wasser legen. Dann verbrennen sie beim Grillen nicht so sehr.*

Leckere
Wild-Rezepte
104 Seiten, Spiralbindung
€ 9,95
ISBN: 978-3-7843-5091-2

... und 31 weitere

Schaschlikspieße

VOM WILDSCHWEIN

…ulinarische Ideen der „Leckere …"-Erfolgsreihe.

Cremiges Hackfleischrisotto

ZUTATEN (für 4 Personen)

4 Tassen Vollkornreis
12 Tassen Rinderbrühe
500 g Rinderhackfleisch
2 große Zwiebeln
1 Dose Erbsen
1 Dose Mais
Saft von 1 Zitrone
50 ml Sahne
Öl, Salz, Pfeffer

ZUBEREITUNG

DEN REIS in heißem Öl gut anrösten und mit der Rindsbrühe ablöschen. Kurz aufkochen lassen und dann bei geringer Hitze so lange köcheln lassen, bis er gar ist. Eventuell nochmals Brühe nachgießen.

PARALLEL in einer Pfanne die gewürfelten Zwiebeln glasig dünsten. Das Hackfleisch hinzugeben und mit Salz und viel Pfeffer würzen. Dann das gebratene Hackfleisch unter den Reis heben. Die Erbsen und den Mais abtropfen lassen und hinzufügen. Das Risotto für weitere 5 Minuten ziehen lassen und zum Schluss mit Zitronensaft abschmecken.

KURZ VOR DEM SERVIEREN die Sahne unterrühren. So wird das Risotto cremig.

Leckere
Hackfleisch-Rezepte
96 Seiten, Spiralbindung
€ 9,95
ISBN: 978-3-7843-5090-5

... und 38 weitere abwec

Cremiges Hackfleischrisotto

Die „Leckere ..." Erfolgsreihe

Wahre Schoko-Sünden!

Grandiose Schokoladen-Rezepte auf einen Blick: teuflische Torten, sündige Desserts und verführerisches Konfekt. Schnell zubereitete Schmankerl sind genauso vertreten wie üppige Schoko-Bomben.

Leckere Schokoladen Sünden
96 Seiten, Spiralbindung
€ 9,95
ISBN: 978-3-7843-5076-9

Dieses tolle Tortenbuch mausert sich zum echten Küchenklassiker. Nussbiskuittorte, Tiramisu-, Himbeer-Sahnetorte, u. v. m. begeistern Hobbybäckerinnen und -bäcker!

Leckere Torten-Träume
96 Seiten, Spiralbindung
€ 9,95
ISBN:
978-3-7843-5025-7

Diese Torten sehen nicht nur imposant aus – sie sind es auch! Sahne, Marzipan, Schmand und Früchte wechseln sich mit lockeren Biskuitböden ab und machen besondere Anlässe noch schöner.

Leckere Festtags-Torten
104 Seiten, Spiralbindung
€ 9,95
ISBN:
978-3-7843-5092-9

Dieses Buch beinhaltet die besten Rezepte für abwechslungsreiche Spargel-Gerichte. Eine praktische Sammlung, die während der Spargelsaison in keiner Küche fehlen darf!

Leckere Spargel-Rezepte
96 Seiten, Spiralbindung
€ 9,95
ISBN:
978-3-7843-5093-6

Neben klassischen Gerichten wie Flammkuchen oder Schinkenpfannkuchen enthält das Buch auch außergewöhnliche, aber leicht nachzubackende Rezepte wie Spargelkuchen oder Stielmus-Quiche.

Leckere Herzhafte Kuchen
96 Seiten, Spiralbindung
€ 9,95
ISBN:
978-3-7843-5044-8

Diese leckeren Kuchen- und Gebäckideen wie Tiramisu Quarktörtchen und vieles mehr ergeben einfache, feine Desserts. So manches Rezept lässt sich selbstverständlich auch vielseitig für die Kaffeetafel verwenden.

Leckere Kuchen-Desserts
96 Seiten, Spiralbindung
€ 9,95
ISBN:
978-3-7843-5035-6

Frühlingszeit ist Spargelzeit!

Dieses Buch beinhaltet die besten Rezepte für abwechslungsreiche Spargel-Gerichte. Eine praktische Sammlung, die während der Spargelsaison in keiner Küche fehlen darf!

Leckere Spargel-Rezep
96 Seiten, Spiralbindung
€ 9,95
ISBN: 978-3-7843-5073-8

LV·Buch im
Landwirtschaftsverlag GmbH,
48084 Münster

© Landwirtschaftsverlag GmbH,
Münster, 2010

Impressum

FOTOS:
Merle Cramer, Münster

LEKTORAT:
Sabine Deing-Westphal, Rhede

GESTALTUNG:
Monika Wagenhäuser, LV·Buch

DRUCK:
LV.Druck GmbH & Co. KG, Münster

ISBN 978-3-7843-5105-6